27
n
2656

Conserver

M. DUTRONE

L 27
n
2656

M. DUTRONE

NOTICE NÉCROLOGIQUE

LUE A LA SÉANCE MENSUELLE DE LA SOCIÉTÉ PROTECTRICE DES ANIMAUX

LE JEUDI 21 JUILLET 1866

PAR M. BOURGUIN

Président honoraire.

Nous venons de perdre un de nos membres les plus dévoués, M. DUTRÔNE, conseiller honoraire à la Cour impériale d'Amiens, et qui, depuis 1857, siégeait dans notre Conseil d'administration.

Nul ne fut plus ennemi que lui de ce qu'il appelait *l'égoïsme de la vie privée*. Possesseur d'une fortune qui lui assurait l'indépendance, il eût pu l'employer à rendre sa vie commode et aisée; mais pour un grand cœur, tel que le sien, il y a quelque chose au-dessus des jouissances matérielles du bien-être, c'est le dévouement à l'humanité.

Il écrivait en 1832: «Il y a des gens qui prétendent que je «ne tiens à rien: je tiens aux orphelins, aux indigents, aux «prisonniers, aux opprimés, qu'ils soient Grecs, Français, «Polonais, hommes de couleur ou nègres.»

Ces lignes résument toute la vie du collègue dont nous sentons si vivement la perte.

Avocat à Paris, de 1820 à 1827, les causes dont il se chargeait n'étaient pas celles qui rapportaient de gros honoraires,

1866

mais celles qui avaient pour objet la réparation de quelque injustice commise envers des malheureux. Je me bornerai à citer un éloquent mémoire, délibéré avec Isambert, pour le pourvoi en cassation de trois hommes de couleur, contre un arrêt de la Cour royale de la Guadeloupe qui les avait condamnés à dix ans de bannissement, parce qu'on avait trouvé chez eux un projet d'adresse à la Chambre des députés, dans lequel ils réclamaient, pour eux et leurs frères, non pas des droits politiques dont ils comprenaient que le temps n'était pas venu, mais l'égalité devant la loi civile.

Un des fondateurs de la Société pour l'abolition de l'esclavage, M. Dutrône avait publié une sorte d'alphabet dans lequel les premiers mots que l'enfant devait épeler étaient ceux-ci : Abolition de la traite et de l'esclavage. C'était donc à lui que revenait, en quelque sorte, de droit, la défense d'hommes accusés d'avoir méconnu la légitimité de l'esclavage perpétuel imposé à leur couleur. Vers la fin de l'année 1845, M. Dutrône devint le secrétaire de la Société, et dut s'occuper, en cette qualité, de son Bulletin. Il a rempli cette tâche jusqu'en 1850, époque à laquelle le Bulletin a cessé de paraître. M. Dutrône a donc été un des ouvriers de la première et de la dernière heure, dans cette œuvre sainte qui avait pour but d'amener l'affranchissement des noirs, par l'action pacifique et régulière de la charité. C'est lui qui, le premier, a salué d'un cri de joie et de reconnaissance, dans *l'Abolitioniste*, le décret du 4 mars 1848, par lequel le Gouvernement provisoire déclarait que « nulle terre française ne peut plus porter d'esclaves. »

M. Dutrône fut aussi un des fondateurs du Comité philhellène.

En 1827, un officier français, devenu général au service de l'Égypte, vint à Paris pour enrôler des volontaires qui devaient servir contre les Grecs; M. Dutrône le provoqua en duel. Le combat eut lieu à cheval et au sabre. Malgré ces conditions désavantageuses qu'il avait dû accepter, l'avocat fut vainqueur de l'officier de cavalerie, mais il reçut une blessure au bras.

Dès qu'elle fut guérie, M. Dutrône passa en Grèce et y combattit pour l'indépendance de ce beau pays. Nommé capitaine d'état-major, il devint le secrétaire du président Capo d'Istria. Docteur en droit, licencié ès-sciences et licencié ès-lettres, il était, plus que tout autre, propre à remplir cet emploi. Dans l'établissement des institutions judiciaires, il fit admettre, non sans une vive opposition du ministre de la justice, l'inamovibilité des juges et la création d'un ministère public. Il provoqua l'organisation d'écoles régimentaires, d'autant plus utiles que les vingt-neuf trentièmes de la population ne savaient pas lire, et qu'il fallait, par l'éducation, former non-seulement de bons officiers et sous-officiers, mais des citoyens. La direction de ces écoles lui fut confiée. Il y introduisit la méthode d'enseignement mutuel. Pour aider à l'acquisition de leur matériel et pour l'achat de récompenses aux élèves qui se distingueraient honorablement, il fit l'abandon de sa paye d'état-major et de toutes les indemnités auxquelles il avait droit.

Il fut chargé d'inspecter les écoles des îles libres de la Grèce. Il s'acquitta de sa mission dans 17 de ces îles, où il constata l'existence de 92 écoles recevant 2,333 élèves, et partout il laissa des encouragements. Sa préoccupation était d'empêcher les parents de destiner leurs enfants à la piraterie, fléau qui, dans ces temps de trouble, ruinait les familles et souillait le pavillon grec.

Il dirigea la traduction en grec de livres français destinés à être introduits dans l'enseignement.

Il obtint aussi qu'un certain nombre d'orphelins achetés en Égypte seraient envoyés en France pour y recevoir une éducation industrielle.

En 1830, quand la Conférence des trois grandes puissances à Londres fit offrir la couronne de la Grèce au prince Léopold, (qui eut le bon esprit de la refuser), M. Dutrône, mécontent de voir que le souverain de la Grèce fût, non pas l'élu de la nation, mais le mandataire de la Conférence, se démit de ses fonctions et revint en France.

D'autres causes motivèrent sa résolution. Le président Capo d'Istria avait confié d'importantes fonctions dans l'État à ses frères, dont l'ignorance, l'incapacité et la corruption ne tardèrent pas à soulever un mécontentement général. Après la mort du président, une polémique très-vive s'étant élevée entre ses partisans et ses adversaires, M. Dutrône fut instamment sollicité à donner son opinion qui devait être d'un grand poids dans le débat. Il se contenta de publier quelques lettres et fragments des lettres que, pendant un séjour de deux ans et demi en Grèce, il avait adressées au président. En les lisant, on ne peut trop admirer avec quelle droiture de cœur et quelle fermeté de langage il signalait au chef du nouvel État les exactions et les fautes de tout genre commises par son entourage, et lui montrait les écueils où l'avenir de la Grèce pouvait se briser. Sa voix n'ayant pas été écoutée, il ne voulut pas encourir plus longtemps la responsabilité morale des actes du président, et il offrit sa démission qui fut acceptée avec empressement.

Je ne puis m'empêcher de croire que le départ de M. Dutrône n'ait été un malheur pour Capo d'Istria. En effet, quelques mois après, le vieux Piétro Mauromichélis qui avait donné tant de gages à la cause de l'indépendance, puisque quarante membres de sa famille avaient péri dans la lutte, était arrêté par ordre du président et traduit devant un tribunal d'exception, tribunal à l'établissement duquel M. Dutrône s'était toujours énergiquement opposé et qu'il avait su empêcher (1). Condamné à une prison perpétuelle, le vieillard fit entendre une imprécation terrible et appela la vengeance du ciel sur la tête de son persécuteur. Cette vengeance malheureusement ne se fit pas attendre ; le 9 octobre 1831, Capo d'Istria tombait sous les coups de deux assassins, l'un frère, l'autre neveu du vieux Mauromichélis.

Quoi qu'il en soit, au moment où M. Dutrône débarquait en France, la révolution de Juillet 1830 venait d'éclater. Cette révolution avait toutes ses sympathies. Entré dans l'artillerie de la Garde nationale, il eut la part la plus active et la plus large au hardi coup de main qui transféra du Luxembourg à Vincennes les ministres de Charles X. M. de Montalivet était à cheval d'un côté de la voiture qui les transportait, et M. Dutrône de l'autre. « Je fus heureux, a-t-il écrit plus tard, de me placer entre ces ministres et les masses irritées, pour empêcher que le peuple, dans son exaspération, ne souil-

(1) Voici ce que M. Dutrône écrivait à M. Jenatas, ministre de la justice, dans une lettre communiquée au président Capo d'Istria : ....« Vous savez combien ce projet avait excité mon indignation. Je l'avais assez nettement exprimée en mettant, sur la minute écrite de votre main, l'apostille *atrocité*, en marge de l'article par lequel on instituait, pour juger au criminel, un magistrat seul... On rêvait (et y a-t-on renoncé ?) à faire rendre la justice à huis-clos, sans le secours d'avocats, sans ministère public, etc. »

lât d'un crime la révolution qui en était pure. » Il ne tarda pas à être nommé conseiller à la Cour royale d'Amiens. Dans un discours prononcé en 1832, à l'ouverture d'une session des assises qu'il présidait, il ne craignit pas de signaler le déplorable régime des prisons de cette époque; et, faisant allusion à l'état de siége auquel la capitale avait été soumise à la suite de l'émeute qui ensanglanta Paris aux funérailles du général Lamarque, il disait aux jurés : « Nous saisirons avec empressement l'occasion d'applaudir au triomphe remporté par la justice régulière sur les juridictions exceptionnelles. »

Le contre-coup de la révolution de 1830 ayant soulevé en Pologne une insurrection générale, un gouvernement national s'y établit. Lelewel, professeur d'histoire à l'université de Wilna, fut nommé ministre de l'instruction publique. Quand ce mouvement fut étouffé par les forces toutes puissantes du Czar, les Polonais qui y avaient pris une part active durent s'expatrier. Ce fut alors que se fonda à Paris le Comité franco-polonais. Lelewel en devint le président et M. Chodsko le secrétaire. Les sentiments bien connus de M. Dutrône sur le droit des peuples asservis à reconquérir leur indépendance l'appelaient naturellement à en faire partie, et il organisa à Amiens une succursale de ce Comité pour la Picardie. Mais, sur les instantes demandes de la Russie, le Comité de Paris fut dissous, Lelewel et Chodsko furent internés à Tours, et quelques mois plus tard, ils reçurent l'ordre de quitter la France. Chodsko se réfugia en Angleterre ; Lelewel choisit la Belgique pour lieu de son exil. Quand il passa à Amiens, M. Dutrône voulut le conduire dans sa voiture jusqu'à Arras. Cette manifestation, bien qu'elle eût lieu sans ostentation, fit beaucoup de bruit, parce qu'elle fut relevée et applaudie par les journaux de l'opposition, ce qui indisposa le ministre de la justice. Le duc d'Orléans et Madame Adélaïde, auxquels la franchise toute magistrale et les manières un peu républicaines de M. Dutrône ne déplaisaient pas, auraient voulu le faire arriver à la Cour royale de Paris, mais le ministre s'y refusa obstinément.

Quand le Comité polonais fut reconstitué, M. Dutrône y rentra, et il n'a cessé d'en être un des plus fervents et des plus fidèles appuis. A la fin de l'année 1863, il passa en Angleterre pour faire à la Reine et aux dames de l'Angleterre un chaleureux appel en faveur des infortunés Polonais. Il se rappelait que, trente ans auparavant, 187,000 femmes, anglaises, écossaises et irlandaises, groupant leurs signatures sur une pétition présentée à la Reine, avaient contraint les hommes d'État d'alors à proclamer l'abolition de l'esclavage dans les colonies anglaises. Malheureusement la voix de M. Dutrône ne trouva pas d'écho dans les Iles Britanniques; et le généreux effort que renouvellent, tous les quinze ans, les générations polonaises pour reconquérir leur indépendance et leur nationalité, fut de nouveau comprimé.

Comme on le voit, dans sa vie publique comme dans sa vie privée, un seul mobile anima notre collègue : Protection aux faibles, aux opprimés ! Dans ces temps d'indifférence et d'égoïsme, son cœur chaud s'intéressait à toutes les infortunes, à tous les droits méconnus.

En 1834, M. Dutrône avait reçu de M. Guizot, ministre de l'instruction publique, la mission de constater l'état de l'enseignement en Algérie, tant dans les écoles françaises que dans les écoles maures, et de lui signaler les perfectionnements qui pourraient y être introduits. A peine de retour en France, et par une lettre datée du lazaret de Toulon, M. Dutrône fit annoncer dans les journaux l'ouverture d'un concours, avec un prix de 500 francs, pour un ouvrage populaire propre à répandre l'usage des langues arabe et française parmi les colons et les indigènes de nos possessions d'Afrique.

Le programme du concours, rédigé par M. Dutrône, fut renvoyé devant une commission composée de membres de l'Institut, de membres de la Société asiatique et de membres de la Société pour l'instruction élémentaire. L'approbation qu'elle donna aux vues de M. Dutrône fut telle que le ministre de l'Instruction publique, voulant s'associer à cette pensée utile, doubla le prix, en ajoutant une autre somme de 500 francs à celle offerte par M. Dutrône. De son côté, le maréchal Maisons, ministre de la Guerre, comprenant toute l'importance que pouvait avoir cette publication pour le rapprochement des populations, annonça que son administration se chargerait de faire imprimer à ses frais les ouvrages qui auraient paru à la commission remplir les conditions du concours.

La commission était présidée par M. Silvestre de Sacy ; le rapport fut présenté par M. Amédée Jaubert, président de la Société asiatique. D'après ses conclusions, adoptées par la commission, le prix fondé par M. Dutrône fut décerné à M. Delcambre, capitaine d'état-major, pour un manuscrit intitulé *Dialogues français-arabes*, dans lesquels, suivant le rapport, l'auteur a trouvé le moyen non-seulement d'instruire son lecteur du sens d'un grand nombre de mots, mais encore de le mettre au courant d'un grand nombre de choses. Le recueil renferme en effet, au sujet des mœurs et des habitudes locales, une foule de documents très-curieux : on y trouve des renseignements utiles sur tout ce qui concerne les poids, les mesures, les monnaies, la division du temps, les travaux de l'agriculture, les spéculations mercantiles, les vêtements, les armures, la médecine, la thérapeutique, les préjugés des Arabes, et, de plus, des formules authentiques de contrats de vente, de location, de mariage, d'actes de divorce et de séparation, des lettres missives et même des poésies populaires et des chansons.

Les 500 francs ajoutés par le ministre au prix de M. Dutrône furent partagés entre les auteurs de grammaires devant servir à initier les indigènes à la connaissance de la langue française, et les colons à celle de la langue arabe.

Le but que s'était proposé M. Dutrône était donc complétement atteint. En 1846, sous le ministère de M. de Salvandy, la commission fut reconstituée, à la demande de M. Dutrône, et de nouveaux encouragements furent accordés pour la publication d'ouvrages populaires en arabe-algérien et en français. Il en fut de même en 1848 et 1849.

En 1836, M. Dutrône ouvrit un concours pour une médaille d'or de 200 francs, qu'il offrait à l'auteur du meilleur mémoire sur *les moyens de combattre l'intempérance en France*.

M. Dutrône se demandait pourquoi, quand on offre et avec tant de raison des primes pour l'amélioration des races animales, on ne fait rien pour améliorer physiquement et moralement les races humaines. Dans nos grands centres d'industrie, l'ouvrier ne peut espérer de bien-être que de son travail et de son économie. L'ivrognerie ne permet ni l'un ni l'autre. Mais elle ne nuit pas seulement à l'individu qu'elle abrutit et dont elle détruit la santé, elle nuit à la famille qu'elle réduit à la misère, et à la société qu'elle trouble dans son repos et dont elle encombre les hospices, les maisons d'aliénés, les prisons et les bagnes.

Pour combattre ce fléau de l'ivrognerie, des *Sociétés de tempérance* se sont établies aux États-Unis d'Amérique, en Irlande, en Écosse, en Angleterre et dans différents États de l'Allemagne. La France restait étrangère à ce grand progrès moral, quand M. Dutrône, témoin des excès auxquels se livrent journellement les classes laborieuses de la ville d'Amiens, où le retenaient ses fonctions de magistrat, y fonda une *Société de sobriété*, dont il devint le président. Faire connaître cette œuvre, signaler les maux et les désordres de tout genre qu'entraîne l'ivrognerie et faire apprécier les avantages que procure la tempérance, tant pour le corps que pour l'esprit, tel était le but du concours ouvert par M. Dutrône.

Sur le rapport fait, au nom du jury d'examen, par M. Amable Dubois, professeur à la Faculté de médecine, le prix fut décerné à M. Labourt, ancien procureur du roi.

M. Dutrône fit imprimer le rapport de M. Amable Dubois, ainsi que le mémoire couronné, qui avait pour titre : *Essai sur l'intempérance des classes laborieuses et l'établissement en France de Sociétés de sobriété.*

Mais il ne s'en tint pas là : il ouvrit un second concours et offrit une médaille d'or de 300 francs à l'auteur du meilleur mémoire sur les *Résultats possibles des Sociétés de sobriété, quant à l'industrie française, tant agricole que manufacturière et commerciale.*

Il était logique, en effet, qu'après avoir demandé au premier concours de signaler les causes et les effets de l'intempérance, on recherchât quel peut être l'effet des institutions de sobriété sur les trois sources des richesses sociales.

Ce second concours paraît n'avoir pas eu de résultat. La médaille d'or de 300 francs ne fut décernée qu'à la deuxième session du Congrès international de bienfaisance, tenue à Francfort-sur-le-Mein, en 1857.

C'est que l'étude de la seconde question posée par M. Dutrône était à peu près impossible en France, où les sociétés de tempérance n'ont jamais pu s'établir d'une manière durable. Ce n'est pas le lieu d'en rechercher les causes. Je crois toutefois qu'une des principales est l'extension qu'ont prise chez nous les caisses d'épargnes, les sociétés de secours mutuels, les caisses de retraite pour la vieillesse. Fondées sur l'esprit d'ordre et de prévoyance, ces institutions suppléent, en quelque sorte, aux sociétés de tempérance. Il est clair que l'argent que l'on va déposer dans ces caisses, n'a pas pris le chemin du cabaret.

En 1842, M. Dutrône résigna volontairement ses fonctions de magistrat. Comme témoignage des regrets que causait cette retraite, le Ministre de la justice lui fit décerner la croix d'officier de la Légion d'honneur.

Rendu à la vie privée et devenu membre du Conseil général du Calvados, M. Dutrône, avec l'activité qui lui était particulière, s'occupa des écoles de son canton, de l'amélioration des grandes voies de communication, et du perfectionnement des races bovine et chevaline, pour lesquelles il institua diverses primes.

Chef du bataillon rural de la Garde nationale de Dives, il fut frappé du contraste de la milice urbaine avec celle des campagnes. Dans les villes, le service journalier, l'uniforme, les fréquentes revues auxquelles on pouvait se rendre sans dérangement notable, faisaient de la Garde nationale un corps organisé qui se maintenait sur un excellent pied. Mais, dans les campagnes, où une revue nécessitait souvent quatre ou cinq heures de marche, non compris le temps passé sous les armes, l'institution, promptement prise en dégoût, était tombée par toute la France dans un anéantissement presque complet. Et, dans le cas où un danger sérieux pour la patrie l'eût fait revivre, que pouvait-on attendre d'un corps armé, sans habitude de service, de tenue ni de discipline?

M. Dutrône résolut, autant que la loi le permettait à un simple particulier, de transformer son bataillon, en l'organisant principalement au point de vue des secours à porter en cas d'incendie. Il pensa que les compagnies chargées du soin et du service des pompes placées dans leur localité seraient fréquemment exercées et tenues en haleine. C'était employer une force de guerre à des œuvres pacifiques; mais c'était aussi rendre au bataillon le principe de vie qui lui manquait.

Une circonstance l'arrêta tout d'abord. Il y avait à Dives une subdivision de sapeurs-pompiers qui s'était signalée dans divers incendies. Il fallait qu'elle fût dissoute, puisque l'on

devait attribuer au bataillon entier le service dont elle était
chargée. Il fallait donc demander au patriotisme des chefs de
cette subdivision le sacrifice de leurs galons, de leurs épau-
lettes. Tâche difficile et où plus d'un eût échoué. Mais la
confiance que M. Dutrône inspirait était si grande, que la démission lui fût donnée aussitôt que sollicitée.

Il demanda alors et obtint des compagnies d'assurances
quatre pompes à incendie; et l'envoi d'un certain nombre de
casques, de M. Passy, ministre de l'Intérieur, qui prenait un
vif intérêt à cet essai de réorganisation.

Je ne puis entrer dans les détails de la nouvelle constitu-
tion du bataillon. Je dirai seulement que le service était ré-
parti de manière que les hommes mariés, ainsi que les célibataires âgés et infirmes, devaient simplement être employés à
la chaîne ou former la garde préposée au maintien de l'ordre
et à la conservation des objets arrachés aux flammes. Les travaux pénibles et dangereux étaient réservés aux célibataires
de bonne volonté et aux artisans jeunes, valides, et qui y
étaient préparés par leurs aptitudes ou leurs professions.
Dans chaque commune, des hommes alertes et dispos, en
nombre égal à celui des communes limitrophes possédant des
pompes, étaient toujours prêts à partir, au premier ordre de
l'officier, pour les communes attribuées à chacun d'eux; et,
l'avis donné, ils servaient de guides, surtout pendant la nuit,
aux détachements expédiés avec les pompes.

Le système proposé par M. Dutrône fut bien accueilli; il se
propagea dans un grand nombre de cantons. L'autorité mili-
taire y trouvait la réorganisation d'une force considérable,
presque anéantie; l'autorité départementale et municipale,
une sauvegarde pour la fortune et la vie des citoyens; enfin,
le pouvoir judiciaire trouvait, dans cette mise sur pied de
tous les citoyens, dans la circulation d'émissaires courant
d'une commune à l'autre aussitôt qu'un sinistre était annoncé,
un moyen d'intimider les incendiaires et parfois de les faire
connaître et de les punir.

Si M. Dutrône est entré dans la Société protectrice des animaux, c'est que là aussi il y a une pensée généreuse, pour
soustraire de pauvres victimes aux traitements injustes et
cruels dont on les accable.

M. Dutrône a consacré les dernières années de sa vie à la

création et à la propagation d'une race bovine sans cornes, la race *Sarlabot*. Il lui donna ce nom qui est celui du domaine qu'il possédait à Dives (Calvados).

C'est dès l'année 1839 qu'il chercha à la constituer, en alliant, avec la race cotentine, des animaux de races désarmées qu'il était allé étudier en Angleterre. Il fit ses premiers croisements avec la race Suffolk, qui se distingue éminemment par ses qualités laitières. Plus tard, au concours universel tenu à Paris, en 1855, un taureau de la race angus, présenté par lord Talbot, et qui avait obtenu le premier prix de sa catégorie, sortait du Champ de Mars où il venait de triompher, pour être conduit à l'abattoir, quand M. Dutrône, voulant le sauver de la boucherie, l'acheta. Il eut grandement à s'en féliciter : en l'alliant avec des vaches cotentines, il en obtint des produits dignes de la race écossaise à laquelle appartenait ce magnifique taureau. La race angus est réputée pour le travail et pour la viande.

En 1847, M. Dutrône faisait don au Muséum d'histoire naturelle d'un taureau et d'une vache de la race qu'il avait ainsi obtenue. Depuis cette époque, il n'a cessé de la répandre avec un désintéressement sans égal. Dans ses libéralités il ne pouvait oublier la Grèce, son ancienne patrie adoptive, à laquelle il offrit deux des plus beaux types de la race Sarlabot.

Dès 1846, il fonda et depuis lors il n'a cessé de proposer des primes et des médailles de grande valeur pour favoriser la propagation non-seulement de la race qu'il avait créée, mais de toutes les races sans cornes. Jusque sur le sol des Iles Britanniques, il a encouragé, de cette manière, le perfectionnement des diverses variétés de l'espèce bovine à tête nue qui y existent naturellement.

Si, pendant vingt-sept ans, M. Dutrône ne s'est épargné ni les peines, ni les voyages, ni les dépenses, pour multiplier en France, en Algérie, dans les différents Etats de l'Europe, et jusqu'en Amérique et en Asie, les animaux de la race désarmée, c'est qu'il y voyait, non-seulement la réalisation d'un progrès agricole, mais la solution d'un problème qui intéresse à un haut degré l'humanité, et aussi le bien-être des animaux. Dans toutes les fermes, grandes et petites, et même dans les plus pauvres habitations à la campagne, on trouve des vaches. Elles y sont soignées par des femmes, des enfants en bas âge,

des personnes infirmes, dont souvent les soins ne peuvent
être utilisés d'une autre manière. Il importe donc que l'ani-
mal présente le moins possible de chances de dangers. Or, il
est évident que la vache sans cornes est moins redoutable
que celle qui est pourvue de cette terrible armure. Mais ce
n'est pas seulement à la ferme et dans les pâturages, c'est
aussi sur la voie publique, dans les marchés, les foires et les
gares de chemins de fer, que les cornes de l'espèce bovine
occasionnent des accidents fréquents et quelquefois mortels.
Dans le désarmement de ces animaux M. Dutrône voyait aussi
l'abolition du double joug, instrument de torture pour les
bœufs, et l'abolition des combats de taureaux, jeux empruntés
à une époque de barbarie.

Les efforts persévérants et les sacrifices de M. Dutrône ne
pouvaient demeurer sans résultats. Les hommes les plus com-
pétents ont constaté la supériorité de la race Sarlabot. Nous
citerons, entre autres, notre vice-président M. Leblanc, vétérinaire et membre de l'Académie impériale de médecine ; notre
collègue M. Magne, directeur de l'Ecole impériale vétérinaire
d'Alfort, membre de la même Académie ; M. Duméril, professeur de zoologie au Muséum d'histoire naturelle, aussi notre collègue ; feu M. Verheyen, directeur de l'Ecole vétérinaire de
l'Etat en Belgique, et M. Husson, professeur de zootechnie à
la même Ecole.

L'année avait bien commencé pour cette œuvre : à la fête
de bienfaisance donnée à Valenciennes, le 17 juin dernier, par
la Société dite des *Incas*, l'agriculture antique était repré-
sentée par le bœuf Apis aux cornes dorées, et l'agriculture
moderne par une belle génisse sans cornes.

C'est que l'arrondissement de Valenciennes, un des plus
avancés en agriculture, commence à se passionner pour cette
belle race. Tout récemment, en visitant avec M. Deleporte-
Bayart, membre et lauréat de notre Société, les environs de
Valenciennes, M. Dutrône avait eu la satisfaction d'y constater
la présence de quatre taureaux, deux génisses et cent qua-
rante-huit vaches de la race désarmée, nombre qui va s'ac-
croître des produits de trois à quatre cents vaches en état de
gestation.

La race Sarlabot est aussi très-répandue et très-appréciée
en Belgique, dans les provinces d'Anvers, de Namur et des

deux Flandres. La boucherie de Bruxelles, non contente d'offrir au créateur de la nouvelle race une magnifique médaille, a institué dans son sein une association fraternelle de secours, sous le nom de *Société mutuelle Sarlabot*, institution déjà reconnue comme société d'utilité publique.

Je pourrais me dispenser de rappeler ici la fondation perpétuelle faite en 1855, par M. Dutrône, de 200 francs de primes à distribuer annuellement, dans notre séance solennelle, pour soins donnés aux races bovines sans cornes, par des gens de service français et étrangers; mais je ne veux pas oublier de mentionner qu'en 1862, au congrès de l'Association internationale pour le progrès des sciences sociales, M. Dutrône a fondé trois médailles d'or, chacune de la valeur de 200 francs, pour être décernées, l'une à la Société d'acclimatation, l'autre à la Société protectrice des animaux, et la troisième à la Société de sobriété qui, avant la session suivante, s'organiseraient sur les bases reconnues les meilleures. Depuis lors, il y a joint trois médailles de vermeil à décerner chaque année, et pendant dix ans, à celles des sociétés de chaque catégorie, déjà existantes, qui, d'une session du congrès à l'autre, auraient fait le plus de progrès.

C'est en s'occupant à rédiger une note sur les bêtes désarmées, le 4 juillet, dans les bureaux de notre Société, que M. Dutrône fut frappé d'un mal qui s'annonçait comme une simple indigestion, et qui était le commencement d'une apoplexie séreuse. Ramené en voiture à son domicile à Neuilly, par M. Saugé, un de nos agents, il se mit au lit. Il ne tarda pas à perdre connaissance et expira sans agonie le lendemain, à 7 heures du soir. M. Saugé ne l'avait pas quitté; M. le docteur Blatin, un des vice-présidents, et celui de vos présidents honoraires qui trace ces lignes, se rendirent aussi auprès de lui et l'assistèrent presque jusqu'à sa dernière heure.

Une réflexion, avant de finir :

La civilisation ne se fait pas toute seule : elle serait bientôt entravée dans sa marche et ramenée en arrière, si des esprits élevés, des cœurs généreux n'unissaient leurs efforts et n'employaient toute leur énergie pour la faire progresser. M. Dutrône est un des hommes qui ont le plus vaillamment combattu pour toutes les grandes causes, et il a eu le bonheur d'avoir une compagne qui, sympathisant avec ses nobles ins-

pirations, l'a soutenu dans toutes ses tentatives et dans les dif-
ficultés qu'il a pu rencontrer.

Sa vie a été bien remplie : membre du Comité philhellène,
il a assisté au triomphe de l'indépendance grecque ; membre
du Comité des prisons, il a puissamment contribué à améliorer leur régime ; membre du Comité pour l'abolition de la
traite, il a vu tomber non-seulement cet infâme trafic, mais
l'esclavage lui-même ; enfin, dans un récent voyage en Belgique et dans le département du Nord, il a pu s'assurer que
son œuvre du désarmement des bêtes bovines ne périra pas.

Son dévouement, son désintéressement, son activité infati-
gable à poursuivre le succès des œuvres auxquelles il s'intéressait, mériteront toujours d'être cités pour modèle.

DISCOURS

PRONONCÉ

PAR M. LÉONARD CHODZKO

SUR

La tombe de M. HENRY DUTRONE

AU CIMETIÈRE DE NEUILLY

Le 9 juillet 1866.

MESSIEURS,

Un Français vient de rendre hommage, en termes parfaitement vrais et très-bien sentis, à la mémoire de Dutrône. Qu'il soit permis à un Polonais de retracer ici ce que cet homme de bien a fait pour la cause polonaise (1).

En effet, après avoir rendu en 1825 de grands services à la Grèce renaissante, comme combattant et comme secrétaire du *Comité franco-hellène*, il devint l'un des fondateurs et secrétaire du *Comité central franco-polonais*, présidé par l'illustre géneral Lafayette. Ce comité fut formé en janvier 1831, à la suite de la mémorable insurrection qui a éclaté à Varsovie le 29 novembre 1830. Alors nous étions soixante-dix fondateurs ; mais le temps et les événements ont si bien moissonné cette phalange des amis de la Pologne, que nous ne comptions plus en 1866 que cinq membres ! Aujourd'hui

---

(1) Dans une allocution prononcée sur la tombe de M. Dutrône, M. Bourguin avait résumé les principaux traits de sa vie.

encore, la mort vient nous enlever celui qui fut toujours l'un des plus actifs et le plus dévoué à la Pologne.

Mais depuis lors, notre Comité se reconstituait à chaque nouvelle commotion qui éclatait en Pologne, et qui prouvait qu'elle existe toujours et qu'elle espère dans sa régénération. Aussi notre Comité existe dans toute sa vitalité, et il présente une association franco-polonaise renouvelée et qui est pleine de confiance pour l'avenir.

Les grands événements qui fixent aujourd'hui l'attention de l'Europe porteront leurs fruits. Tout incertaines que soient encore les destinées de la Pologne, ces événements pourront avoir une influence sur elle..... Malgré les malheurs suprêmes qui accablent ce pays, il ne faut point oublier que les partageurs qui l'oppriment sont mortels, tandis que la nation est immortelle. La Pologne renaîtra grande, elle retrouvera son indépendance et son intégrité territoriale : les sophismes de nos oppresseurs ne détruiront pas cette conviction.

Ces sentiments ont toujours été partagés par Dutrône. Veuillez, Messieurs, les partager à votre tour, et continuer à sympathiser avec cette Pologne qui reçoit, en toute occasion, la généreuse hospitalité de la France tout entière.

Quarante années d'amitié et d'efforts soutenus pour la Pologne m'ont uni à Dutrône ; aussi je puis dire du fond de ma conscience, et je ne serai démenti par personne, qu'il emporte dans sa tombe l'estime de ses amis, l'affection des membres du Comité central, et la reconnaissance des Polonais réfugiés dont, en ce moment, je suis l'organe et l'interprète.

Paris. — E. De Soye, imprimeur, 2, place du Panthéon.

PARIS. — E. DE SOYE, IMPRIMEUR, PLACE DU PANTHÉON, 2.

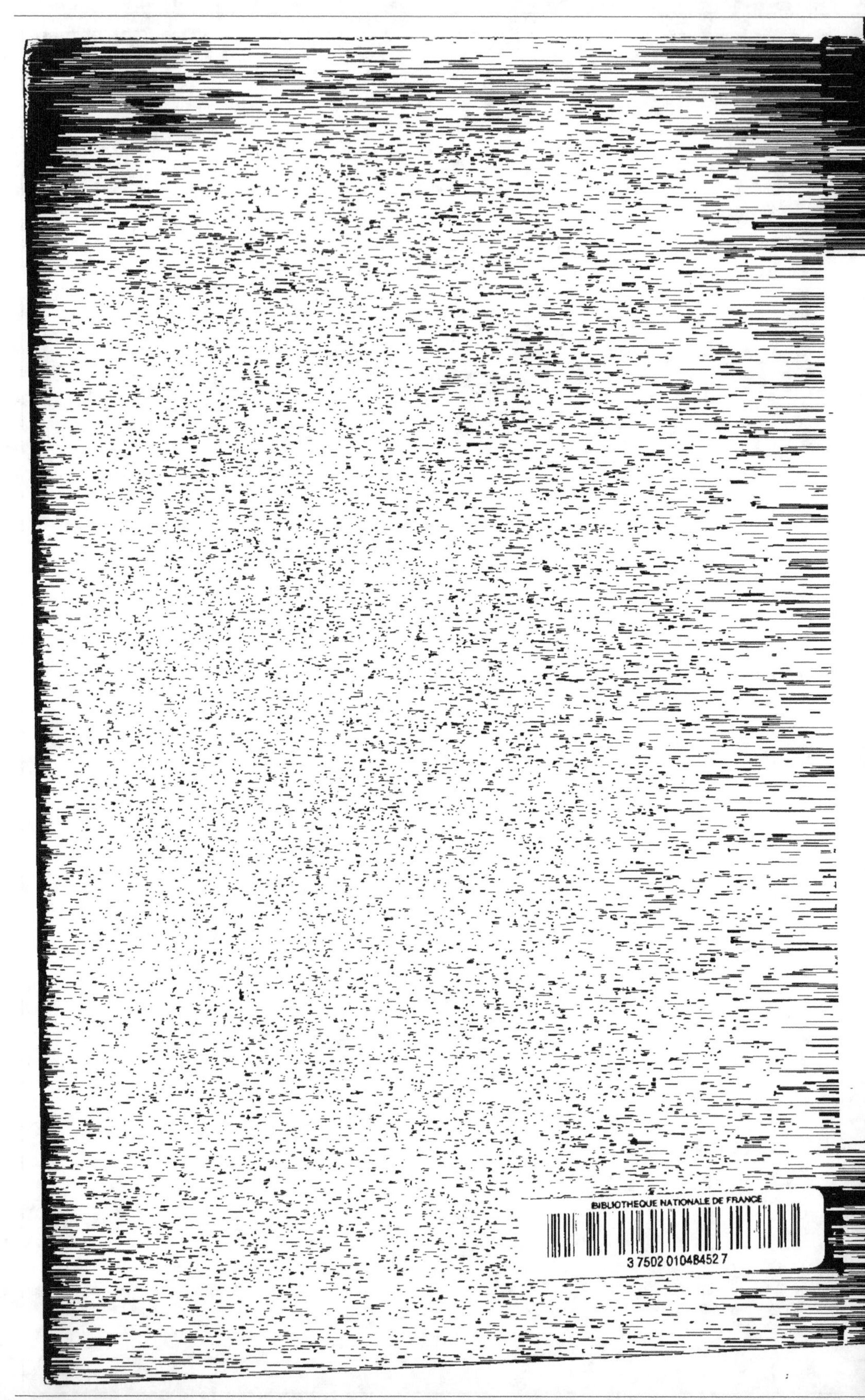
BIBLIOTHEQUE NATIONALE DE FRANCE

3 7502 01048452 7

www.ingramcontent.com/pod-product-compliance
Lightning Source LLC
Chambersburg PA
CBHW061807060726

47597CB00007B/3157